LE LIVRE D'IMAGES

ALPHABET

POUR

PETITES FILLES

PARIS. — THÉODORE LEFÈVRE, ÉDITEUR

LE LIVRE D'IMAGES

ALPHABET

POUR

PETITES FILLES

PARIS

THÉODORE LEFÈVRE, ÉDITEUR

RUE DES POITEVINS.

1874

A B C D E
F G H I J
K L M N O
P Q R S T
U V X Y Z

1 2 3 4 5
6 7 8 9 0

a b c d e
f g h i j k
l m n o p
q r s t u 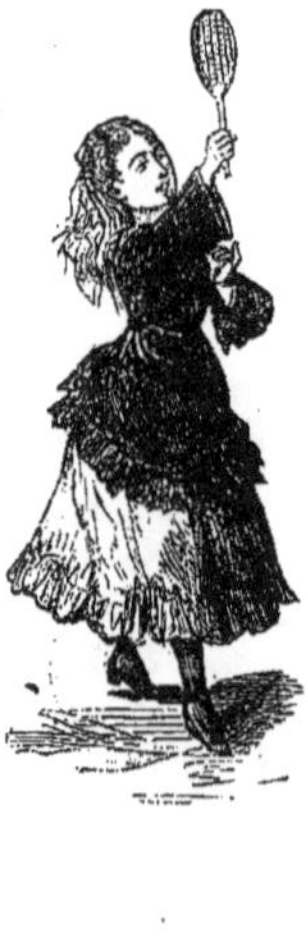
v x y z

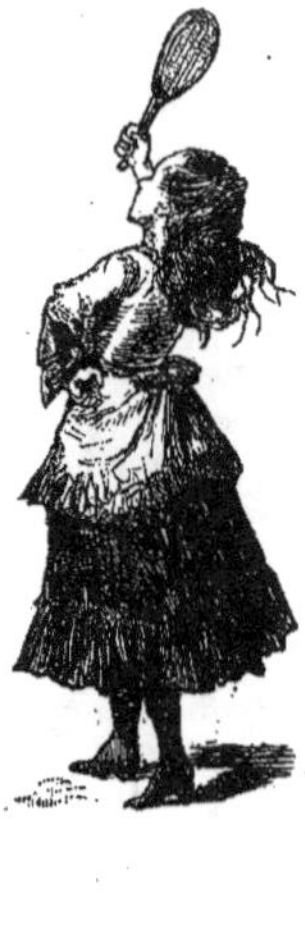

VOYELLES

a, e, i, o, u

A a

AL-LU-
MET-TES

B b

BOU-QUE-
TI-ÈRE

C c

CO-QUET-TE

D d

DI-NET-TE

E e

EF-FROI

F f

FLEURS

G g

GOUR-MAN-DE

H h

HAIE

I i

I-MA-GE

J j
JEU

K k
KA-KA-TO-ÈS

L l
LA-VEU-SES

M m

MAN-CHON

N n

NID

O o

OM-BREL-LE

P p

PEUR

Q q

QUE-REL-LE

R r

ROU-ET

S s
SAL-TIM-BAN-QUE

T t
TA-PIS-SE-RIE

U u
US-TEN-SI-LES

V V
VA-GUE

Z Z
ZOU-A-VE

SYLLABES

a	ba	ca	da	fa	ga
e	be	ce	de	fe	ge
i	bi	ci	di	fi	gi
o	bo	co	do	fo	go

u bu cu du fu *gu*

a ja ka la ma na

e he je le me ne

i hi ji li mi ni

o ho jo po ro so

u ju pu ru su tu

a pa ra sa ta va

e pe re se te ve

vo vi

be to

bo su

da fu

na ki

su tu

Faire remarquer à l'enfant les diverses consonnances du *c* et du *g* devant les voyelles *a, o, u.*

sa-von-na-ge

pa-ri		pi-le
ri-ve		vi-te
pi-pe		fi-xe
do-do		ra-ce
co-ke		lu-xe
jo-li		ca-le
pa-pe		mi-te
da-me		ra-me
li-me		mi-re
ci-me		la-me
ca-ve		pa-pa
ti-ra-ge	na-tu-re	fu-ti-le
ra-ci-ne	ha-bi-le	la-va-ge
ce-ri-se	pa-na-de	fa-mi-ne
na-vi-re	ci-ra-ge	ra-pa-ce
gi-ra-fe	ju-ju-be	ma-la-de
pi-lu-le	ca-ba-ne	ba-di-ne
fa-ci-le	pa-ro-le	fa-ri-ne
sa-la-de	ri-va-ge	vi-sa-ge
pi-lo-te	ca-po-te	ti-sa-ne
fi-gu-re	bo-bi-ne	pa-va-ge

PETITES PHRASES

La ba-di-ne de pa-pa.
A-li-ne a vu sa mè-re.
Il a sa-li sa ro-be.
Le lo-to de la pe-ti-te A-dè-le.
Cé-li-ne a a-bî-mé sa ca-po-te.
Lu-ci-le a vu u-ne gi-ra-fe.
Pa-pa a fu-mé le ci-ga-re.
La ca-ba-ne de la pe-ti-te Lu-ce.
Le ma-la-de a bu de la ti-sa-ne.
Le na-vi-re se-ra je-té à la cô-te.
Me-na-ce-le de ta co-lè-re.
Ho-no-ri-ne va li-re sa pa-ge.
Le pa-va-ge a é-té a-bî-mé.
I-si-do-re se-ra vi-te le-vé.

La petite Marie était bonne et charitable, elle aimait à faire du bien aux pauvres. Son plus grand plaisir était d'aller avec sa bonne porter un panier rempli de provisions à une malheureuse famille ruinée par un incendie. Presque tous les jours elle mettait son dessert de côté afin de le porter aux enfants de ces pauvres gens.

CORBEIL, TYPOGRAPHIE ET STÉRÉOTYPIE DE CRÉTÉ FILS.